GEORGES RIVOLLET

Œdipe à Colone

D'après Sophocle

DRAME ANTIQUE EN QUATRE ACTES ET EN VERS

Musique de scène de J. Guy Ropartz

PARIS

LIBRAIRIE THÉATRALE

11, BOULEVARD DES ITALIENS, 11

1925

ŒDIPE A COLONE

D'après Sophocle

DRAME ANTIQUE EN QUATRE ACTES ET EN VERS

Représenté pour la première fois, à la COMÉDIE-FRANÇAISE.
le 21 juillet 1924.

GEORGES RIVOLLET

Œdipe à Colone

D'après Sophocle

DRAME ANTIQUE EN QUATRE ACTES ET EN VERS

Musique de scène de J. Guy Ropartz

PARIS

LIBRAIRIE THÉATRALE

11, BOULEVARD DES ITALIENS, 11

1925

PERSONNAGES

————

ŒDIPE	MM. Albert-Lambert fils.
THÉSÉE	Alexandre.
LE MESSAGER	Henry Mayer.
CRÉON	Paul Gerbault.
POLYNICE	Fresnay.
L'HABITANT DE COLONE	Ledoux.
PREMIER CHOREUTE	Dorival.
DEUXIÈME CHOREUTE	Albert Reyval.
ANTIGONE	Mmes Marie Bell.
ISMÈNE	Calixte Guintini.
PREMIÈRE ATHÉNIENNE	Jeanne Rémy.
DEUXIÈME ATHÉNIENNE	Madeleine Barjac.

Vieillards et Guerriers athéniens, Femmes athéniennes, Guerriers thébains.

————

Décor de M. JUSSEAUME
Costumes dessinés par M. BÉTOUT

ŒDIPE A COLONE

ACTE PREMIER

La scène est à Colone, dans l'Attique. A gauche, sur le premier plan, un olivier ombrageant une roche rugueuse; dans le lointain, du même côté, sur la colline, l'Acropole d'Athènes. Un sentier monte à droite vers un bois de lauriers et d'oliviers qu'entoure un vieux mur bas, aux pierres écroulées. A droite, au premier plan, la porte de marbre du bourg de Colone.

SCÈNE PREMIÈRE

ŒDIPE, ANTIGONE.

ŒDIPE.

Fille du vieil aveugle, Antigone, en quels lieux
Sommes-nous arrivés? Quels hommes, sous des cieux
Nouveaux, vont accueillir par une maigre aumône
Œdipe errant, demandant peu pour qu'on lui donne

Moins que peu ! Satisfait pourtant... content toujours !
Car tant de maux soufferts pendant de si longs jours
Jusqu'à m'y résigner ont grandi mon courage...
Mais, enfant, si tu vois un siège ou quelque ombrage
Dans un endroit profane ou dans un bois sacré,
Assieds-moi... Puis, va t'informer... Je t'attendrai.
Car pour des étrangers comme nous, il est sage
De s'enquérir et du pays et de l'usage.

ANTIGONE.

O père, devant nous, sur le coteau, je vois
La blanche ville avec ses tours aux rouges toits :
Mais elle est loin encore ; et l'endroit où nous sommes
Sans doute est cher aux Dieux et vénérable aux hommes...
Tout l'indique du moins : car le sol est couvert
De vigne et d'oliviers ; le laurier toujours vert
Y fleurit ; et voici qu'aux profondeurs de l'ombre
Chantent, mélodieux, des rossignols sans nombre...

Elle le conduit vers le rocher.

Repose-toi sur ce rocher... Il se fait tard ;
Et le chemin fut long, bien long pour un vieillard !

ŒDIPE.

Assieds-moi.

Antigone l'assied sous l'olivier, prenant mille précautions tendres.
Avec inquiétude.

Veille sur l'aveugle !...

ANTIGONE, avec un peu d'impatience.

C'est bien, père !

Je ferai comme j'ai l'habitude de faire,
— Et de longtemps !

> Un silence, pendant lequel Œdipe reste immobile, la main posée
> sur le front de la jeune fille.

OEDIPE.

Où sommes-nous ?

ANTIGONE.

Je vois là-bas
Athènes ..

> Regardant autour d'elle.

Mais ce lieu, je ne le connais pas.

OEDIPE.

La ville, oui, tous l'ont dit : c'est Athènes la grande !
Mais ce lieu ? ce lieu-ci ?

ANTIGONE.

Veux-tu que je demande,
Que j'aille un peu plus loin ?

OEDIPE.

Vois s'il est habité ?
L'est-il ?

ANTIGONE.

Il l'est.

> Antigone qui, pour sortir, s'était avancée vers la droite, s'arrête.

Mais j'aperçois de ce côté
Quelqu'un qui va nous renseigner...

OEDIPE.

Où ?

ANTIGONE.

Sur la route...
Un homme.

ŒDIPE.

Est-ce qu'il vient?

L'habitant de Colone entre.

ANTIGONE.

Il est là, père...

SCÈNE II

ŒDIPE, ANTIGONE, L'HABITANT DE COLONE.

ŒDIPE.

Ecoute,
Etranger ! Ayant su, par celle-ci qui voit
Pour moi, qu'un dieu te fait passer par cet endroit,
J'ose te demander quelle est cette contrée?

L'HABITANT DE COLONE.

Silence ! Sors d'abord de l'enceinte sacrée...
Ton pied foule une place interdite aux mortels.

ŒDIPE.

Où suis-je donc ? Quels dieux ont ici leurs autels ?

L'HABITANT DE COLONE.

Ce bois profond, où tout est prodige et mystère,
Appartient, ô vieillard, aux Filles de la Terre

Et de l'Erèbe, aux Sœurs que l'on nomme tout bas :
C'est ici leur séjour ; on n'en approche pas !

ŒDIPE.

Quel nom leur donnez-vous ici ?

L'HABITANT DE COLONE, d'un ton de terreur obséquieuse
et qui doit donner son sens à l'antiphrase.

Les Bienveillantes,
Qui voient tout.

ŒDIPE.

Pour moi donc, qu'elles soient accueillantes !
Car je ne sortirai plus d'ici.

L'HABITANT DE COLONE.

Que dis-tu ?

ŒDIPE.

Le mot de mon destin. Je suis l'hôte attendu !

L'HABITANT DE COLONE.

Je n'ose pas chasser un homme de ton âge :
J'avertirai du moins les anciens du village.

Il va pour sortir.

ŒDIPE.

Si tu ne l'as pas trop en mépris, étranger,
Au nom des dieux, laisse un vieillard t'interroger.

L'HABITANT DE COLONE.

Je n'ai pas de mépris pour toi, ni pour personne :
Parle... Et je répondrai franchement : je t'en donne
Ma foi.

ŒDIPE.

Dis-moi : le nom de ce lieu, quel est-il ?

L'HABITANT DE COLONE.

Neptune et le Titan voleur du feu subtil
Ont près d'ici leur double image vénérée ;
Ce champ est dit le seuil d'airain ; mais la contrée
D'alentour doit surtout son antique renom
Au cavalier Colone ; et Colone est son nom.
Etranger, ce sont là des paroles certaines.

ŒDIPE.

Qui gouverne ? Le peuple ? Un roi ?

L'HABITANT DE COLONE.

Celui d'Athènes.

ŒDIPE.

Par la force et le droit lequel règne aujourd'hui ?

L'HABITANT DE COLONE.

Thésée, issu des rois qui régnaient avant lui.

ŒDIPE.

Quelqu'un peut-il aller le chercher ?

L'HABITANT DE COLONE.

Pourquoi faire ?

ŒDIPE.

Je veux lui demander une grâce... oh ! légère !
Mais que je lui paierai d'un grand bienfait.

L’HABITANT DE COLONE.

Toi ?

ŒDIPE.

Moi.

L’HABITANT DE COLONE.

Que peut un mendiant aveugle pour un roi ?

ŒDIPE.

L’aveugle lui dira des paroles très claires...

L’HABITANT DE COLONE, à lui-même.

Cet étranger n’est point né de parents vulgaires...
Haut.
Je vais quérir les gens d’ici. Tu resteras
S’ils le veulent... sinon, tu t’en retourneras !

Il sort à droite.

SCÈNE III

ŒDIPE, ANTIGONE.

ŒDIPE, à sa fille.

Est-il parti ? Sommes-nous seuls ?

ANTIGONE.

Oui, seuls.

ŒDIPE.

Personne
Ne peut m'entendre ?

ANTIGONE.

Non.

ŒDIPE, se levant.

Donc, ce lieu, c'est Colone !

Il s'agenouille sur le seuil du bois sacré.

Vierges au pâle front, ô Filles de la Nuit,
Puisqu'en votre séjour Apollon m'a conduit,
Sur la foi de ce dieu, Déesses effrayantes,
Je réclame de vous l'asile — ô Bienveillantes !
Phoibos l'a dit, qu'après avoir longtemps erré
J'arriverais un jour en ce lieu consacré,
Où vous m'accueilleriez, Euménides sereines,
Et que j'y finirais ma vie avec mes peines.
Il l'a dit : au milieu d'un peuple de héros,
Ici, les protégeant, reposeront mes os.
Et Zeus, pour m'avertir, mon heure enfin venue,
Ebranlera la terre en tonnant dans la nue...
Tout s'accomplit... voici le jour sans lendemain...
J'en suis sûr... C'est le Dieu qui par ce long chemin
Me conduisit vers vos demeures vénérées ;
C'est par lui qu'aujourd'hui je vous ai rencontrées ;
Que je suis assis là, sur votre seuil divin,
Moi sobre et pauvre, ô Sœurs qui refusez le vin !...
Donc, puisque c'est ici l'étape fortunée,
Si je suis enfin quitte envers la destinée,

Si j'ai payé ma dette à force de souffrir,
Vierges, accordez-moi le bienfait de mourir !

Un temps pendant lequel il semble prier.

Avec Athènes, ô douces Sœurs à l'œil sombre,
Prenez pitié d'Œdipe, — ou plutôt de son ombre :
Car le corps que voici n'est plus mon corps...

ANTIGONE, qui est restée à droite, remontant précipitamment.

Tais-toi,

Père ! voici des gens qui viennent...

ŒDIPE.

Cache-moi !...

Hors du chemin, là, dans le bois... Je veux entendre
D'abord ce qu'ils diront... Après, nous pourrons prendre
Le parti qui convient... Car un homme averti...

ANTIGONE.

Allons, cachons-nous vile !

PREMIÈRE VOIX, au dehors.

Hé ! l'homme ?

DEUXIÈME VOIX.

Est-il parti ?

ANTIGONE.

Viens !

Œdipe et Antigone entrent dans le bois et demeurent à portée de
voix derrière les feuillages.

SCÈNE IV

ŒDIPE, ANTIGONE, cachés, L'HABITANT DE COLONE,
guidant LE CHŒUR.

PREMIER CHOREUTE.

Personne...

L'HABITANT DE COLONE.

Il était assis à cette place...

PREMIER CHOREUTE.

S'est-il caché ?

DEUXIÈME CHOREUTE.

Cherchons...

L'HABITANT DE COLONE.

Regarde... On voit la trace
De ses pieds...

PREMIER CHOREUTE,

Oui...

DEUXIÈME CHOREUTE, appelant

L'homme !... Hé !

L'HABITANT DE COLONE.

Personne ne répond...

PREMIER CHOREUTE.

Ce vieux n'est pas d'ici... C'est quelque vagabond,
— Oui, vagabond — à qui nulle chose n'est sainte :
Autrement, aurait-il osé franchir l'enceinte ?

DEUXIÈME CHOREUTE.

Fouler le sol sacré des Déesses ?

PREMIER CHOREUTE.

Plus bas !

Il regarde craintivement vers le bois sacré.

Les bonnes Sœurs d'ici, vois-tu, je n'aime pas
Qu'on les nomme...

L'HABITANT DE COLONE.

Ni moi... Tout peut leur être offensé :
Ce qu'on dit, ce qu'on tait...

PREMIER CHOREUTE.

Oui, même ce qu'on pense...
Passons vite...

L'HABITANT DE COLONE.

Sans voix...

DEUXIÈME CHOREUTE.

Sans geste...

PREMIER CHOREUTE.

Sans regard...

L'HABITANT DE COLONE.

Voici de ce côté d'autres pas du vieillard...
Sur l'herbe...

PREMIER CHOREUTE.

Il a franchi la barrière...

DEUXIÈME CHOREUTE.

L'impie !

L'HABITANT DE COLONE, étendant la main vers le bois.

Là... tenez... On voit comme une bête tapie...

Il s'avance.

C'est lui...

PREMIER CHOREUTE.

C'est lui...

ŒDIPE, se montrant à demi.

Le voilà... lui...

DEUXIÈME CHOREUTE.

Quel spectre sort

De l'ombre ?

Œdipe se montre tout à fait.

PREMIER CHOREUTE.

Il nous regarde avec ses yeux de mort.

ŒDIPE.

Oui, je vois... car j'entends... Et les choses prédites
Se confirment pour moi de tout ce que vous dites.

DEUXIÈME CHOREUTE.

Ses yeux éteints sont effrayants...

PREMIER CHOREUTE.

Moins que sa voix...

ŒDIPE.

Ne voyez point en nous des ennemis des lois...

PREMIER CHOREUTE.

Alors, qui donc es-tu?

L'HABITANT DE COLONE.

Parle, fais-toi connaître.

ŒDIPE.

Je ne suis pas heureux... Tu t'en doutes peut-être...
Heureux !... Si je l'étais, en serais-je réduit
A mendier avec l'enfant qui me conduit?

PREMIER CHOREUTE.

Si tu naquis privé de la douce lumière
Du soleil, je te plains ! Car elle est la première
Et la dernière joie...

DEUXIÈME CHOREUTE.

Au moins, triste mortel,
Etant si malheureux, ne sois pas criminel !
Ne va pas plus avant... Redescends sur la route...
Quitte ce bois herbu que le croyant redoute
De fouler...

PREMIER CHOREUTE.

Entends-tu?

ŒDIPE, à Antigone.

Que faire?

ANTIGONE.

Obéissons...

ŒDIPE.

Vous n'allez pas nous maltraiter?

PREMIER CHOREUTE.

Mais non.

Au chœur.

Laissons
Passer l'homme et l'enfant...

DEUXIÈME CHOREUTE, à Antigone.

Allons, ma fille, avance,
Toi qui vois clair...

ANTIGONE, à Œdipe.

Suis-moi... Pose avec confiance
Ton pied aveugle...

PREMIER CHOREUTE, à Œdipe.

Sors tout à fait. Montre ainsi
Que tu sais respecter ce qu'on respecte ici.

DEUXIÈME CHOREUTE, les arrêtant.

Là... Bien... Assez.

PREMIER CHOREUTE.

Restez tous deux sur la lisière
Du bois.

DEUXIÈME CHOREUTE.

S'il veut, tu peux l'asseoir sur cette pierre :
Mais au bord, humblement.

    Antigone conduit son père et l'assied.

ANTIGONE, au chœur.

Vous êtes obéis.

DEUXIÈME CHOREUTE.

Maintenant, malheureux, dis : quel est ton pays?

PREMIER CHOREUTE.

Ta naissance?

ŒDIPE.

Exilé, je n'ai plus de patrie.

DEUXIÈME CHOREUTE.

Ton nom, au moins?

PREMIER CHOREUTE.

Eh bien?... Ton nom?

ŒDIPE.

Je vous en prie.

TOUS.

Ton nom?

ANTIGONE.

Parle... Il le faut ..

L'HABITANT DE COLONE.

Réponds-leur !

DEUXIÈME CHOREUTE.

Réponds-nous...

Œdipe hésite encore.

ANTIGONE.

Père !

ŒDIPE.

Vous le voulez? Eh! bien, connaissez-vous
La race de Laïus?

PREMIER CHOREUTE.

Dieux !

ŒDIPE.

Le sang Labdacide?

TOUS.

O ciel!

Rumeur épouvantée.

ŒDIPE.

Le triste Œdipe, enfin ?

PREMIER CHOREUTE.

Le parricide !

DEUXIÈME CHOREUTE.

L'incestueux !

TOUS.

Œdipe!... Lui!!...

ŒDIPE.

Je vous fais peur?

ANTIGONE.

Hélas!

PREMIER CHOREUTE.

Va-t'en!

DEUXIÈME CHOREUTE.

Va-t'en!... Tu porterais malheur

A la cité!

ŒDIPE.

Malgré la promesse, on nous chasse?

PREMIER CHOREUTE.

Que te doit-on?... C'est toi qui nous cachais ta race,
Et ce nom qu'a souillé l'innommable forfait...

DEUXIÈME CHOREUTE.

Fuis!

TOUS.

Fuyez!

Menaçants, ils s'approchent d'Œdipe. Antigone s'avance suppliante.

ANTIGONE.

Etrangers, moi, que vous ai-je fait?
Ecoutez-moi, si, lui, vous ne voulez l'entendre!
Ayez pitié de moi!... Laissez, laissez-moi tendre,
Suppliante, mes mains vers vous, à vos genoux,
Comme si j'étais votre fille!... Apaisez-vous!
Nous errons tous les deux sous le soleil torride;
Et comme il ne voit pas son chemin, je le guide.

Et lui, qui fut jadis un héros triomphant,
Le voilà devenu l'enfant de son enfant...

Elle s'agenouille.

Abaissez un regard de bonté sur nos têtes !
Pour nous vous n'êtes plus des mortels ; non, vous êtes
Semblables à ces dieux qu'implorent les humains :
Car notre sort, vous le tenez entre vos mains !
Ah ! par tout ce qui peut vous être cher au monde,
Par vos lois, par ces champs que Déméter féconde,
Par ce ciel qu'on disait accueillant au proscrit,
Par l'enfant que le sein de l'épouse nourrit,
Daignez prendre en pitié celui dont je suis née !...
Tous, un dieu nous entraîne à notre destinée !...

PREMIER CHOREUTE.

On vous plaint tous les deux : mais cet homme est maudit ;
Je ne peux rien changer, rien, à ce que j'ai dit.

ŒDIPE.

A quoi donc, justes dieux, sert une renommée
Qui devant l'action se dissipe en fumée ?
Et qui disait qu'un titre à l'hospitalité,
Chez vous, c'est d'être vieux, pauvre ou persécuté ?
Eh ! que m'importe à moi qu'Athènes, votre ville,
Passe pour être à tout proscrit un sûr asile,
Si j'éprouve aujourd'hui que ce bruit est trompeur,
Si le nom d'un vieillard malheureux vous fait peur ?
Ces dieux dont vous parlez, c'est pour eux qu'est l'injure :
Car l'un d'eux — que je sais — par ma voix vous adjure.
Je suis venu vers vous, innocent et sacré,
Porteur d'un grand bienfait...

DEUXIÈME CHOREUTE.

Lequel?

ŒDIPE.

Je le dirai

Devant le roi.

PREMIER CHOREUTE, bas, au Chœur.

C'est la vieillesse !

DEUXIÈME CHOREUTE, avec compassion.

Ou la souffrance !

Un temps.
Pourtant il parle avec une étrange assurance...

PREMIER CHOREUTE.

Le roi décidera. Qu'on aille l'avertir !

ŒDIPE.

Il est tard... Du palais daignera-t-il sortir ?
Viendra-t-il à l'appel de l'aveugle?

PREMIER CHOREUTE.

Sans doute.
Au seul bruit que ton nom soulève sur la route,
Le roi, même engourdi de sommeil, quittera
Son lit de pourpre, et vers le bourg se hâtera...
Car ce nom, bourdonnant comme un essaim de mouches,
Déjà vole en tous lieux, est sur toutes les bouches...
Et les vieillards chenus et lents à se mouvoir,
Eux-mêmes, se sont mis en chemin pour te voir !

ŒDIPE.

Que ton roi vienne donc... pour Athènes, s'il l'aime !
Et pour moi... car chacun est l'ami de soi-même...

ANTIGONE, s'avançant à gauche vers le chemin.

Zeus ! ô Zeus ! Que penser ?

A Œdipe.

Père...

ŒDIPE.

Quoi donc ?

ANTIGONE.

Je vois
Une femme à cheval galoper vers ce bois...

Elle s'avance encore.

Me trompé-je ? Un chapeau thessalien ombrage
Son jeune front, et voile à demi son visage...
Est-ce ma sœur ?... Oui... non... si !... C'est Ismène !

ŒDIPE.

Dieux !

ANTIGONE.

Elle approche... et déjà nous caresse des yeux...

PREMIER CHOREUTE.

Elle met pied à terre...

VOIX D'ISMÈNE, au dehors.

Antigone !

ANTIGONE.

C'est elle !

ŒDIPE.

C'est la voix de ma fille !

ANTIGONE.

Artémis immortelle !
Je ne me trompais pas : c'est Ismène, ma sœur !

SCÈNE V

Les Mêmes, ISMÈNE, suivie d'un serviteur.

ISMÈNE.

Sœur!... Père!... Ah! de ces noms qui dira la douceur?...
Je vous retrouve donc! Mais dans quelle détresse !

ŒDIPE.

Est-ce toi, mon enfant?... Touche-moi...

ISMÈNE.

Je vous presse
Dans mes bras, tous les deux ensemble. Oui, c'est bien moi,
Moi, ta fille, qui suis à genoux devant toi !

ŒDIPE.

Tu vois deux malheureux...

ISMÈNE.

Trois malheureux, ô Père!

ŒDIPE.

Je ne peux pas la voir, cette tête si chère :
Mais viens auprès de moi, mon Ismène. Je veux
Caresser ton front pur et toucher tes cheveux.
Ne te relève pas!... Que je les touche encore!
On dit qu'ils sont dorés comme la jeune aurore,
Et l'aveugle, exilé dans sa nuit sans réveil,
En y plongeant les mains croit toucher du soleil!

ISMÈNE.

Ah! que je t'ai cherché longtemps!

ŒDIPE.

                O messagère,
Fidèle comme Iris et comme elle légère,
Parle... Dis quel sujet t'amène jusqu'ici ?

ISMÈNE.

Ton intérêt, mon père; et le constant souci
Que j'ai de toi.

ŒDIPE.

         Tu me regrettais donc?

ISMÈNE.

                Je t'aime :
Et, voulant t'apporter les nouvelles moi-même,
En secret j'ai quitté la ville cette nuit,
Seule avec le fidèle esclave qui me suit...
Car tous, dans la maison, tous ils te sont contraires...

ŒDIPE.

D'autres que toi pouvaient venir... Où sont tes frères?

Un temps. Ismène baisse la tête.

ISMÈNE.

Père, ils sont où ils sont... Ils ont, les malheureux,
Quelque chose d'atroce et de terrible entre eux !

ŒDIPE.

Oh ! que par leur conduite et par leur caractère
Ils rappellent tous deux ce qu'on voit sur la terre
D'Egypte, sur les bords marécageux du Nil!...
Chez ces peuples, dit-on, l'homme, indolent et vil,
Reste dans la maison à filer de la làine,
Cependant qu'au dehors, c'est la femme qui peine.
Ainsi restent chez eux mes fils dénaturés,
Mes filles, et c'est vous, vous qui me secourez!
L'une, presque une enfant encore, mais vaillante,
Conduit l'aveugle et sa vieillesse chancelante :
Mendiant notre pain à des seuils inconnus,
Elle va sous la pluie ou le soleil, pieds nus,
Bravant l'insulte ignoble ou le refus barbare,
Et l'horreur des grands bois où, la nuit, on s'égare,
— Préférant à l'abri des palais cadméens
Ma vie errante, et ma misère à tous les biens.
L'autre, comme sa sœur à son père fidèle,
Quoique vivant au loin, l'aime et le sert comme elle :
A Thèbes, elle veille, elle écoute pour lui.

A Ismène.

Parle... Tu ne viens pas sans motif aujourd'hui?

ISMÈNE.

Tout ce qu'en te cherchant souffrit ta fille Ismène,
Je le tairai. C'est autre chose qui m'amène.
O mon père, je viens te parler de tes fils !

ŒDIPE.

De mes fils ?

ISMÈNE.

Tout d'abord, je te l'ai dit jadis,
Après que Zeus t'eut fait crouler du rang suprême,
Ils voulaient que Créon ceignît le diadème;
Par respect, disaient-ils, pour le peuple innocent,
S'accusant de la honte ancienne de leur sang,
Ils renonçaient à tout d'eux-mêmes et sans lutte.
Or, aujourd'hui, voici qu'une atroce dispute,
Née en leur cœur coupable ou leur venant des dieux,
L'un sur l'autre a poussé ces deux ambitieux...
Chacun veut régner seul, et seul veut la puissance.
Etéocle, au mépris des droits de la naissance,
Du trône et de la ville a chassé son aîné.
Polynice trahi, proscrit, abandonné,
Fuit vers la creuse Argos, dénonce le parjure...
Et maintenant la Grèce épouse son injure :
On s'arme pour sa cause... Il a pour compagnons
Et pour tenants six rois dont on cite les noms...
Demain, vieillard, Arès, maître de la victoire,
De Thèbes jusqu'aux cieux peut élever la gloire...
Ou demain, par tes fils, ton peuple peut périr !

OEDIPE.

Dieux! vous lasserez-vous de me faire souffrir ?

ISMÈNE.

Ecoute. De l'excès du mal le bien peut naître...
Et le crime des tiens te rachète peut-être...

OEDIPE.

Moi ?

ISMÈNE.

Phoibos, consulté dans un si grand péril,
Vient de parler encor...

OEDIPE.

Phoibos ?

ISMÈNE.

Oui.

OEDIPE.

Que dit-il ?

ISMÈNE.

Le Dieu dit qu'en ton corps, ô triste Labdacide,
O mon père, un pouvoir mystérieux réside ;
Et que, quand tu seras descendu chez les morts,
Pour vaincre, il suffira de posséder ce corps !

OEDIPE.

Bien.

A part.

Tu tiens ta parole, Apollon, ô Sminthée !

ISMÈNE.

Telle est la prophétie... Ainsi l'ont rapportée
Les pèlerins qui, dans la plaine de Kadmus,
De Delphes, l'autre jour, chez nous sont revenus.

ŒDIPE.

Le peuple, que dit-il ?

ISMÈNE.

Le peuple te rappelle.
Et Créon, oubliant votre ancienne querelle,
Pour t'offrir de rentrer va venir jusqu'ici...

ŒDIPE.

Et mes fils ? Savent-ils cet oracle, eux aussi ?

ISMÈNE.

Ils le savent.

ŒDIPE.

Tous deux ?

ISMÈNE.

Tous les deux, oui, mon père.
Et pour leur gloire, hélas! il vaudrait mieux le taire,
Depuis qu'il est prédit que ton corps peut donner
La victoire, chacun des deux veut t'emmener
Chez lui, même de force...

ŒDIPE.

Eux, mes fils! Misérables!
Entendez-moi, vous, dieux vengeurs, dieux secourables;

Ces maudits qui voudraient profiter de ma mort,
Faites-moi maintenant le maître de leur sort !
Qu'à ma voix, votre main terrible les entraîne!
N'éteignez plus, ô dieux, les torches de leur haine;
Perdez l'usurpateur qui règne avant son tour,
A son frère, au banni, refusez le retour!
Hélas! lorsque, coupable innocent de mon crime,
Du faîte du bonheur je roulai dans l'abîme,
Quand, victime du sort et barbare à mon tour,
J'eus éteint dans mes yeux la lumière du jour,
On prétend que leur âge était alors trop tendre,
Qu'ils n'ont pas pu me plaindre, encor moins me défendre...
Soit. Plus tard, quand l'infâme exil fut prononcé,
Ils étaient grands, et ce sont eux qui m'ont chassé!
Non! Par la majesté des lieux saints où nous sommes,
Je n'accorderai pas mon secours à ces hommes.
Tout est dit. Le dieu tient ce qu'il promit jadis :
Vous ne règnerez pas dans Thèbes, mauvais fils!
Vienne à présent Créon, si c'est lui qu'on m'envoie,
Ou d'autres : les renards rentreront sans leur proie...

    Au chœur.

Et vous, accueillez-moi! Phoibos même le dit :
J'apporte du bonheur, plein mes mains de maudit!

PREMIER CHOREUTE.

Au roi de décider. En attendant, notre hôte,
Un conseil. Crois-moi, songe à réparer ta faute.
De ce bois où jamais personne n'est entré,
Tout à l'heure ton pied foula le sol sacré :
Tu dois offrir un sacrifice expiatoire.

ŒDIPE.

Dis-moi comment, afin qu'il soit plus méritoire.

PREMIER CHOREUTE.

Va d'abord, ô vieillard, vers la source au flot clair
Qui, de ce mont, descend en chantant vers la mer :
Baigne-toi dans son onde et fais-toi les mains pures.
Là, près du lit sonore où coulent ses murmures,
Sont les vases sacrés, les coupes au pied tors :
Prends-les, couronnes-en les anses et les bords...

ŒDIPE.

De feuillage, étranger ? Ou de laine ?

DEUXIÈME CHOREUTE.

                      De laine
Prise à quelque brebis, jeune d'âge et non pleine.

ŒDIPE.

Les vases couronnés, où faut-il les remplir ?

DEUXIÈME CHOREUTE.

A la source qu'aucun été n'a vu tarir.
Verse, en place de vin, du miel dans l'eau limpide :
L'abeille vierge plaît à la vierge Euménide.
Puis, tourné vers la jeune aurore, face au bois,
Sur le sol répands l'eau des coupes, en trois fois.

ŒDIPE.

Ensuite ?

PREMIER CHOREUTE.

Ayant jonché la terre hospitalière

De trois fois neuf rameaux d'olivier et de lierre,
Tu prieras, mais selon le rite consacré.

OEDIPE.

Dis-moi ce qu'il faut dire, et je le redirai.

PREMIER CHOREUTE.

Garde-toi d'invoquer les Déesses vaillantes
Sous leur nom d'Erynnis : nomme-les Bienveillantes ;
Et d'une voix très basse, à genoux, humblement,
Demande-leur de t'accueillir bienveillamment.
Puis, le rite accompli, l'invocation faite,
Reviens ici, vieillard, sans détourner la tête.
C'est alors seulement qu'on pourra t'approcher
Sans crainte. Jusque-là, je n'ose te toucher !

OEDIPE.

Vous avez entendu, mes filles ?

ANTIGONE.

Oui, mon père.

OEDIPE.

Ce qu'on attend de moi, je ne puis pas le faire,
Car je ne suis plus rien qu'un vieil homme sans yeux...
Qui, de vous deux, aux Euménides, sœurs des dieux,
A la source puisant l'eau purificatrice,
Veut aller en mon nom offrir le sacrifice ?

ISMÈNE.

Moi, mon père.

ŒDIPE.

Va donc... Et prie avec ferveur
L'Euménide... Mais près de moi laisse ta sœur.

> Ismène s'éloigne, ayant baisé son père au front. On l'aperçoit quelque temps encore sous les arbres, suivant le chemin qui contourne le bois. Musique de scène très douce.

Le Chœur.

PREMIÈRE ATHÉNIENNE.

Aux accents lybiens des flûtes de lotus,
Chaste et sur ton sein blanc croisant tes mains pieuses,
Par le chemin bordé de myrtes et d'yeuses,
Descends vers la fontaine, ô fille de Kadmus !

DEUXIÈME ATHÉNIENNE.

Murmurant la prière où ta ferveur s'épanche,
Tu vas, rythmant le pas léger de tes pieds nus.
Déjà tu disparais sous les arbres touffus :
A peine si l'on voit encor ta robe blanche !

PREMIÈRE ATHÉNIENNE.

La brise de la mer pleure dans les cactus...
Tu t'en vas toute seule et sans autre défense
Que ta sainte faiblesse et ta candide enfance...

Au son religieux des flûtes de lotus,
Pieuse et sur ton cœur joignant tes mains fidèles,
Par le sentier fleuri de lys et d'asphodèles,
Va prier pour ton père, ô fille de Kadmus !

Fin de la musique.

SCÈNE VI

LES MÊMES, moins ISMÈNE.

DEUXIÈME CHOREUTE, s'approchant avec embarras d'Œdipe qui,
Ismène sortie, a repris son immobilité hiératique.

Etranger, je me dis que peut-être j'abuse...
Mais l'on est homme, et curieux... c'est notre excuse...
Oui, dussions-nous — je parle en mon nom comme au leur —
Renouveler en toi quelque antique douleur,
Nous voudrions savoir...

ŒDIPE.

Quoi?

DEUXIÈME CHOREUTE.

Tes maux, et leurs causes...

ŒDIPE.

Par pitié, doux amis, laissons, laissons ces choses !

PREMIER CHOREUTE.

On prétend...

ŒDIPE.

Taisez-vous, par l'hospitalité !

DEUXIÈME CHOREUTE.

Par l'hospitalité, dis-nous la vérité...

PREMIER CHOREUTE.

L'as-tu vraiment commis, cet innommable crime?

ŒDIPE.

Tais-toi... Je ne suis pas coupable, mais victime...
Si l'on fut criminel contre sa volonté,
Le crime n'est plus crime : il est fatalité !

PREMIER CHOREUTE.

Comment ?

ŒDIPE.

Dans un hymen monstrueux, exécrable,
Thèbes, à mon insu, me poussa, misérable !

DEUXIÈME CHOREUTE.

C'est donc vrai, trop malheureux fils? Es-tu monté
Dans le lit maternel?

ŒDIPE.

Ma mère !... O cruauté !
C'est mourir que parler de ces choses affreuses !

DEUXIÈME CHOREUTE.

Donc... ces filles ?

ŒDIPE.

Hélas !... dites : ces malheureuses !
Tous mes enfants sont nés du même flanc que moi !
O mes filles !

Avec horreur.

Mes sœurs !

DEUXIÈME CHOREUTE.

Que j'ai pitié de toi !

PREMIER CHOREUTE.

Et ton père ? L'as-tu tué, comme on assure ?

ŒDIPE.

Grâce !... Dieux ! ils me font blessure sur blessure !

DEUXIÈME CHOREUTE.

L'as-tu tué ?

ŒDIPE.

Je l'ai tué !... Laïus, hélas !
Etait mon père... Mais je ne le savais pas :
La loi m'absout...

VOIX, au dehors.

Place au roi !

PREMIER CHOREUTE.

C'est Thésée !

Trompettes guerrières. Entrée des gardes de Thésée, armés de lances, précédés par la foule, qui se range pour laisser passage au
roi.

SCÈNE VII

LES MÊMES, THÉSÉE.

THÉSÉE.

Valeureux habitants de la plaine arrosée
Par l'Ilissos, salut, gloire et prospérité !
On dit qu'un voyageur chez nous s'est arrêté,
Dont le nom a jadis empli toute la Grèce ;
Que cet homme a crié vers moi dans sa détresse...
Qu'il invoque les dieux d'Athènes et nos lois !

Il s'avance vers Œdipe.

Œdipe!... C'est donc toi, malheureux, que je vois!
Les voilà, ces yeux clos à jamais, ces yeux vides
Sous le voile éternel des paupières livides...
Ces yeux punis par toi d'avoir vu tes forfaits...
Je te reconnais bien aux récits qu'on m'a faits
Autrefois... comme à ceux entendus sur la route.
Car tes haillons, ce corps que la détresse voûte
Et la poussière qui blanchit tes pieds lassés,
Triste fils de Laïus, te désignent assez!
Parle, que faites-vous là, dans cette campagne?
Que veux-tu pour toi-même et ta pauvre compagne?
Il faudra que ce soit, certes, bien au-dessus
Du possible, pour qu'on t'afflige d'un refus !
Car ton aspect en moi réveille la mémoire
Des maux que j'endurai, moi-même — non sans gloire:

Malheureux suppliant, je n'ai pas oublié
Que loin de mon pays, jadis j'ai supplié...
Va... je sais comme toi la misère des hommes,
La vie au cours changeant, et le peu que nous sommes,
Et que nul ici-bas n'est sûr du lendemain.

CEDIPE.

Noble Thésée, un dieu m'a mis sur ton chemin.
En plaignant mes malheurs, ô Roi, tu les consoles ;
Et tu m'as épargné d'inutiles paroles
Puisque tu sais mon nom, mon père, mon pays.
Il suffit : tu connais quel pauvre homme je suis ;
Je ne t'apprendrai rien de meilleur ni de pire...
En peu de mots, voilà tout ce que je désire.

THÉSÉE.

Parle.

CEDIPE.

        Mon triste corps, au moment de mourir,
O mon hôte, je viens en présent te l'offrir.
        Rumeurs d'étonnement dans la foule.
Ce corps, usé par le malheur plus que par l'âge,
Il vous procurera peut-être un avantage
Plus grand, beaucoup plus grand que son aspect n'est beau...
Qu'il soit vôtre !... En retour, je demande un tombeau.

THÉSÉE.

Tu parles de ta mort... Que veux-tu pour ta vie ?

CEDIPE.

Une tombe en ces lieux est tout ce que j'envie...

THÉSÉE.

Triste présent! — Et trop facile !

ŒDIPE.

Qu'en sais-tu ?
O roi d'Athènes, chef jusqu'alors invaincu,
Prends garde... Autour d'Œdipe une lutte terrible
Va s'engager... Mes fils tenteront l'impossible
Pour m'entraîner de force au pays abhorré
De Kadmus.

THÉSÉE.

Pourquoi donc ? Rentre de ton plein gré
Chez les tiens, s'il est vrai que Thèbes te rappelle :
Car l'exil est partout une chose cruelle !

ŒDIPE.

C'est aux miens que j'en dois l'indicible douleur !

THÉSÉE.

La rancune est un luxe interdit au malheur.

ŒDIPE.

Soit. Mais de ce retour que veux-tu que j'espère ?
Tu le sais bien : j'ai sur les mains le sang d'un père ;
Et la ville à jamais est fermée à l'impur.

THÉSÉE.

Si tu ne peux franchir les portes ni le mur,
Pourquoi donc te rappelle-t-on ?

ŒDIPE.

Un Dieu l'ordonne.

Ils le veulent pour eux, ce corps que je vous donne :
Car si je meúrs chez vous, si l'on m'enterre ici,
Thèbes doit succomber sous vos coups. C'est ainsi
Qu'Œdipe mort paiera ses hôtes, ô Thésée !

THÉSÉE.

Athènes, cité juste encor que jalousée,
S'honore d'être en paix avec le genre humain ;
Ta ville est notre amie...

ŒDIPE.

    Aujourd'hui... Mais demain ?
Le temps, inexorable en ses métamorphoses,
Pêle-mêle confond les êtres et les choses :
Rien ne dure ici-bas et les dieux tout puissants
Seuls sont de la vieillesse et de la mort exempts !
Tout le reste périt, ô vaillant fils d'Egée :
Tôt ou tard, le déclin vient après l'apogée ;
Le champ perd sa vigueur et le corps sa fierté ;
La bonne foi fait place à la déloyauté.
Ce qui plaisait déplaît, puis retrouve des charmes ;
Tout bonheur connaîtra l'amertume des larmes ;
Et l'on voit cette chose triste : des amis,
Des hommes qui s'aimaient, devenir ennemis !
Donc Thèbes veut la paix, et tu la veux toi-même :
Crains pourtant la moisson des causes qu'un dieu sème ;
L'âpre sort, à qui Zeus même doit obéir,
Peut-être a décrété qu'il faudra vous haïr...
Ce jour-là, de la tombe où dormira ma cendre,
Mon ombre surgira soudain pour vous défendre ;

Et le sang des Thébains, au champ de mon repos,
Comme une chaude pluie arrosera mes os.

PREMIÈRE CHOREUTE.

Faut-il le croire, ô Roi ? Vois toi-même, et décide.

THÉSÉE.

Qui donc refuserait au sombre Labdacide
Contre un présent peut-être en effet sans pareil,
La terre qu'il lui faut pour son dernier sommeil ?
O triste suppliant des douces Erynnies,
Malheureux voyageur, tes courses sont finies.
Suis-moi donc, ou demeure à Colone, à ton gré :
Choisis. Dis ton désir, et j'y consentirai.

ŒDIPE.

Merci. Laisse-moi donc en ce lieu de mystère,
Près de ce bois sacré dont j'ai foulé la terre.

THÉSÉE.

Soit, reste !

ŒDIPE.

Un mot encor... Ceux de Thèbes viendront
M'y chercher... ou mes fils...

THÉSÉE, montrant le chœur.

Ceux-ci les recevront !

ŒDIPE.

En ton absence, on peut m'enlever, prends-y garde !

THÉSÉE.

Ne t'inquiète pas de ce qui nous regarde !

Je te dis d'être en paix. Si vraiment c'est un dieu
Qui conduisit tes pas errants vers ce saint lieu,
Pour préserver ses suppliants de toute offense,
Le fils chéri de Zeus, Phoibos suffit, je pense!
Mais, sache-le, vieillard : qu'un dieu te garde ou non,
Ici pour te défendre, il suffit de mon nom!

Rideau.

ACTE DEUXIÈME

Même décor.

SCÈNE PREMIÈRE

ŒDIPE, ANTIGONE, LE CHŒUR, VIEILLARDS, JEUNES
HOMMES, ATHÉNIENNES. Musique de scène.

LE CHŒUR.

Sois le bienvenu dans ma ville antique ;
Te voici dans le lieu le plus beau de l'Attique,
A Colone au sol blanc, terre des bons coursiers ;
Là, les rossignols aux chansons ailées
Gazouillent doucement dans les fraîches vallées,
Sous les feuillages nourriciers.

Là, sont des bosquets chéris des abeilles,
Et des arbres touffus lourds de fruits, et des treilles

Ombrageant les murs des vergers ;
Jamais le soleil ne perce la voûte
Des bois où l'Ægipan, couché dans l'herbe, écoute
Bondir la biche aux pieds légers...

Là, pousse le lierre aux feuilles vineuses ;
Et sur les verts sommets des collines heureuses,
Ceint de pampres et de jasmins,
L'orgiaque Bacchos, au gré de ses caprices,
Mène les chœurs dansants des nymphes, ses nourrices,
Qui chantent en battant des mains !

PREMIÈRE ATHÉNIENNE.

Là, chaque jour l'aube irisée
Voit éclore sous la rosée
Le narcisse au feuillage clair
Dont la grappe en fleur plaît à Perséphone,
Et le safran d'or qui couronne
Le large front de Déméter.

Sur le lit murmurant du sable,
C'est là qu'un fleuve intarissable,
Le Céphise, coule au soleil ;
Et mariant son onde aux errantes fontaines,
Il féconde en courant le vaste sein d'Athènes
Du flot de ses eaux sans sommeil !

Et les Muses n'ont point dédaigné ces contrées,
Non plus qu'Aphrodite aux rênes dorées.

DEUXIÈME ATHÉNIENNE.

Ici, non planté par des bras mortels,
   Croît un arbre aux fruits plus doux qu'ambroisie;
Et l'on n'a jamais dit qu'il en poussât de tels
Dans l'île de Pélops, ni dans la jaune Asie!

Chez nous seuls l'olivier lève aux cieux ses bras tors,
   Qu'on voit vers le soir tout blancs de colombes;
Et son ombre défend les berceaux et les tombes,
     Douce aux enfants et chère aux morts!

Et jamais, ô vieillard, jamais la main hostile
   D'un dévastateur — fût-ce même un dieu! —
Ne pourra l'arracher de notre sol fertile;
   Car Zeus Morios, le lanceur de feu,
Dont l'œil voit tout du haut des voûtes éternelles,
   Et Pallas sa fille, aux glauques prunelles,
   Gardent l'olivier au feuillage bleu.

PREMIÈRE ATHÉNIENNE.

   Mais je veux dire une autre gloire
Qui fait ce peuple grand parmi tous ses rivaux :
   Car nous avons, double victoire,
Conquis la mer immense et dompté les chevaux !

O fils du vieux Kronos, Dieu superbe et farouche,
C'est toi qui nous a fait l'inestimable don !
Le cheval hennissant, c'est toi, roi Poseidon,
Qui lui forgeas le frein que ronge en vain sa bouche.

Puis, d'un coup de trident, tu fis surgir des mers
 Le navire ailé d'avirons rapides
Qui s'élance et bondit sur les gouffres amers,
Comme, avec leurs cent pieds, les souples Néréides.

         Fin de la musique.

   ANTIGONE, qui est remontée.

Etrangers, habitants d'un pays si vanté,
Prouvez qu'en vous louant, on dit la vérité.

    DEUXIÈME CHOREUTE.

Pourquoi?

     ANTIGONE.

 C'est le moment.

      ŒDIPE.

      Quoi de nouveau, ma fille?

     ANTIGONE.

Créon, de par tes maux chef de notre famille,
Créon vient, ô mon père... Il n'est pas seul !

     ŒDIPE.

       Grands dieux !
Défendez-moi, très chers vieillards !

    PREMIER CHOREUTE.

      Nous sommes vieux:
Mais Athènes est toujours jeune... Sois sans crainte:
Son hôte n'aura pas à subir de contrainte.

SCÈNE II

Les Mêmes, CRÉON entrant, suivi d'une escorte.

CRÉON.

Hommes de bonne race, ô dignes citoyens
D'un pays par le ciel comblé de tous les biens,
Je vois dans vos regards et dans votre attitude
Comme une méfiance, et quelque inquiétude...
L'arrivée en ce lieu d'un homme de mon rang,
Peut-être un peu soudaine en effet, vous surprend.
Mais ne redoutez rien...

Rumeur dans la foule.

                    Abstenez-vous d'injures :
Car mes intentions sont honnêtes et pures.
D'ailleurs, vous le voyez, je suis vieux et bien las ;
Puis, je le sais, ce peuple est puissant dans Hellas !
Donc, bien que chargé d'ans, j'ai fait ce long voyage
Pour parler à cet homme aveugle... Oui. Je l'engage
A me suivre au pays de Thèbes où l'attend,
Où l'appelle, unanime, un peuple repentant.
C'est moi qu'on a choisi pour cet heureux message :
Car je suis son parent très proche, il a mon âge ;
Et puisqu'il fut un roi, nous sommes des égaux.

On sait d'ailleurs combien j'ai toujours plaint ses maux !
A Œdipe.
Lève-toi donc. Suis-moi, très malheureux Œdipe,
Au royaume que borne au loin la mer d'Euripe.
Je l'ai dit. Revenu d'un injuste courroux,
Ton peuple te rappelle ; et moi plus haut que tous.
C'est pitié de te voir errer à l'aventure,
Sans gîte, mendiant ta maigre nourriture,
N'ayant pour te servir que la débile enfant
Qui te conduit et, sans défense, te défend !
Dieux ! qui donc l'eût pensé que la noble Antigone,
— Elle est ma propre nièce, habitants de Colone —
Errant avec ce père, et mendiant pour lui,
Tomberait où l'on voit qu'elle en est aujourd'hui ?
Qu'elle vivrait ainsi, sans hymen et sans joie,
Chaque jour exposée à devenir la proie
De quelque vil passant, immonde ravisseur,
Elle, le sang des rois, qui naquit de ma sœur !
Car ma race est la tienne, et ta honte est ma honte !
Cache-la désormais... Il le faut, on y compte :
Rentre avec moi, dans nos demeures, chez les tiens.
Mais salue en partant ces dignes citoyens:
Certe, on vivrait chez eux des heures fortunées ;
Mais Thèbes t'a nourri dans tes jeunes années.

ŒDIPE.

O valet prêt à tout, mais plus zélé qu'adroit,
Orateur éloquent, — surtout contre le droit, —
Cadméen qu'entre tous les Cadméens j'abhorre,
Pourquoi viens-tu tenter de me tromper encore?

Va, ton astuce en vain se masque d'équité :
On connaît ta justice, ô traître, — et ta bonté !
On dit qu'on m'accorda l'exil comme une grâce ?
C'est faux. Lorsque j'appris les hontes de ma race,
Certes oui, l'âme en feu, dans mon premier transport,
J'en conviens, j'implorai comme un bienfait la mort :
J'aurais voulu périr écrasé sous des pierres.
Nul alors n'exauça mes ardentes prières,
Et Thèbes me laissa vivre, pour mon malheur !
Puis, peu à peu, le temps amollit ma douleur :
Sa lente main, par qui toute peine est pansée,
Mit le baume des jours sur mon âme blessée...
Et plus calme, m'étant jugé, m'étant absous,
Un désir me venait, apaisé, presque doux,
De finir oublié dans ma vieille demeure.
Alors — mes fils et toi vous la guettiez, cette heure —
Tu me chassas, Créon. Tu fis un chien errant
De l'homme qu'aujourd'hui tu nommes ton parent !
Et maintenant tu vois, fourbe à langue dorée,
Quel accueil j'ai reçu des gens de la contrée ;
Et tu veux m'arracher de ce sol généreux,
Méchant, — et tu te fais bonhomme et doucereux !
Quel plaisir est-ce donc d'aimer, malgré lui-même,
Précisément celui qui ne veut pas qu'on l'aime ?
Ta fausseté, je vais la prouver à ceux-ci,
Et dire devant tous pourquoi tu viens ici.
Tu veux me ramener, non pas dans ma demeure
De Thèbes, — mais hors de l'enceinte extérieure,
Pour m'avoir là, toujours, prêt à vous protéger
Contre ce peuple-ci, — le voisin, le danger.

Tu le vois, il est temps, Créon, que tu l'apprennes :
Je connais mieux que toi les choses cadméennes. *
Certes, bien mieux que toi. Je le prétends du moins.
De ma science j'ai deux garants, deux témoins
Qui passent pour assez infaillibles, j'espère :
Apollon Citharède et Zeus même, son père.
Va donc... De notre sort ne prends plus de souci :
Il est bon tel qu'il est, puisqu'il nous plaît ainsi.

CRÉON.

Par cet entêtement, à qui prétends-tu nuire ?

ŒDIPE.

Un dieu le sait, par qui je me laisse conduire...

CRÉON.

Pauvre homme ! ton refus n'est funeste qu'à toi.

ŒDIPE.

Persuades-en donc mes hôtes, — devant moi !

CRÉON.

Riche de jours, es-tu si pauvre de sagesse ?
Plus tu vieillis, plus tu fais honte à la vieillesse...

ŒDIPE.

Ta langue est habile... Oui... mais je ne connais pas

---

* Coupure possible :

       ... les choses cadméennes.
Va donc... De notre sort ne prends plus de souci ;

           Etc...

De juste ou seulement de brave homme ici-bas
Qui parle toujours bien, — et dans toutes les causes.

CRÉON.

Parler trop ou parler à propos sont deux choses.

ŒDIPE.

Oui... Toi, tu parles peu... Mais toujours à propos !...

CRÉON.

Je sais qu'on n'a jamais d'esprit devant les sots.

ŒDIPE.

Epargne donc le tien. A mon tour je t'invite,
En leur nom, à sortir de ce lieu que j'habite...
Au Chœur.
Citoyens, chassez-le !

CRÉON.

C'est bien... J'atteste ici
— Non cet homme...
Au Chœur.
Mais vous...
Aux Thébains de son escorte.
Vous, compagnons, aussi !
Je vous prends à témoins, tous, de son insolence...
A Œdipe.
Si jamais je te tiens !...

ŒDIPE.

Qui donc, par violence,
Oserait m'emmener ?...

4

CRÉON.

Va, l'on peut autrement
Te punir...

ŒDIPE.

Me punir? Et qui donc? Et comment?

CRÉON.

Ecoute bien... Je viens de t'enlever Ismène.

ŒDIPE.

Toi ?

CRÉON.

Sois sage, ou bien l'autre, elle aussi, je l'emmène.

ŒDIPE.

Ma fille! Il a ma fille! A moi, Zeus! Poseidon!

CRÉON.

Tu le veux ?

A Antigone.

Viens, toi !

Il la saisit par le bras.

ANTIGONE.

Dieux !

PREMIER CHOREUTE, à Créon.

Laisse-la...

CRÉON.

Pourquoi donc ?
Cette vierge est l'enfant de ma sœur... Elle est mienne.

OEDIPE.

O chefs de ce pays...

CRÉON, à ses compagnons qui ont entouré Antigone.

Vous autres, qu'on la tienne !

DEUXIÈME CHOREUTE, à Créon.

Ce que tu fais est mal.

PREMIER CHOREUTE.

Cesse... Ou tu sentiras
Le poids de ces bâtons, maniés par nos bras.

CRÉON.

Modérez cette ardeur, vieillards, et ce langage :
Songez qu'en m'insultant c'est Thèbes qu'on outrage.

OEDIPE.

Je l'avais dit, qu'il mettrait Thèbes en avant !

DEUXIÈME CHOREUTE.

Pour la dernière fois, laisse aller cette enfant !

CRÉON, au Chœur.

Baisse le ton... Il faut pouvoir quand on ordonne.

A ses compagnons.

Finissons-en.

PREMIER CHOREUTE.

A nous, habitants de Colone !

ANTIGONE, qu'on entraîne.

Mon père !

ŒDIPE.

Où donc es-tu ? Ta main ? Tends-moi ta main ?

ANTIGONE.

Je ne puis pas...

ŒDIPE.

Ma fille !

Sur un signe de Créon, les Thébains emmènent Antigone.

CRÉON, poussant violemment Œdipe.

Et toi, va ton chemin !
Marche donc maintenant, sans guide !

ŒDIPE.

Lâche ! ô lâche !
Qu'il soit maudit, ce très méchant, — lui qui m'arrache
Mes deux enfants, mes yeux, à moi déjà sans yeux !
Ah ! puisse le soleil, celui d'entre les dieux
Dont l'œil d'or, grand ouvert sur l'ensemble des choses,
Voit les louches desseins au fond des âmes closes ;
Puisse-t-il, à toi-même, infâme, à tous les tiens,
T'infliger des destins en tout frères des miens...

CRÉON.

Entendez ce qu'il dit...

ŒDIPE.

Oui... des mots inutiles,
Impuissants à punir et comme moi débiles !
Malheureux que je suis ! Malheureux ! Malheureux !

CRÉON.

Je ne contiendrai plus ma colère... Et je veux
L'enlever de force... Oui, seul, quoique lourd d'années...

Il le saisit.

ŒDIPE, au Chœur.

Défendez-moi, vous qui savez les destinées !

DEUXIÈME CHOREUTE, à Créon.

Tu n'emmèneras pas l'aveugle !

CRÉON, auquel ses hommes sont venus en aide.

Zeus le sait...
Non pas vous...

ŒDIPE.

Malheureux !

PREMIER CHOREUTE.

Quelle injure on nous fait !

CRÉON.

Une injure qu'il faut subir...

DEUXIÈME CHOREUTE, se tournant vers la ville.

Je vous adjure,
Amis ! Venez ! Ces gens ont passé la mesure...

PREMIER CHOREUTE.

Courez chercher les chefs du pays, vous aussi !

DEUXIÈME CHOREUTE.

Ecoute...

Rumeur au dehors.

PREMIER CHOREUTE.

Est-ce Thésée?

DEUXIÈME CHOREUTE.

Oui, c'est lui !

SCÈNE III

LES MÊMES, THÉSÉE, avec une suite nombreuse.

Qu'est ceci?
Quelle est cette clameur, ô peuple, et cette plainte?
Pour quelle affaire, — disons mieux — pour quelle crainte
M'avez-vous rappelé tout à coup de l'autel
Où j'immolais des bœufs au gardien immortel
De Colone, qui règne au loin sur l'onde amère?...

ŒDIPE.

Thésée, ami dont j'ai reconnu la voix chère,
J'ai souffert d'un méchant des outrages cruels.

THÉSÉE.

Des outrages? Ici? Sur ma terre? — Lesquels?

ŒDIPE.

Créon vient d'enlever mes filles sans défense...

THÉSÉE.

Qu'entends-je ? — A toi, mon hôte, on a fait cette offense?

Au Chœur.

Qu'on appelle mon peuple aux armes! Cavaliers,
Fantassins, vétérans, — tous, jusqu'aux chefs alliés !
Qu'au nom de la patrie, au nom de la justice,
Comme un seul homme, tous, laissant le sacrifice,
Se précipitent vers la porte du faubourg !
Gardez bien les chemins, surtout le carrefour...
Ne laissez point passer les vierges. . Que Thésée
Ne soit pas pour cet homme un objet de risée !...

Se tournant vers Créon.

Certes, s'il n'était pas l'envoyé des Thébains,
Il ne sortirait pas sain et sauf de mes mains.
Mais je veux respecter en lui le rang suprême;
Et ce roi, de son sort va décider lui-même.

A Créon.

Ou tu ne rentreras jamais dans ton pays,
Ou tu rendras les deux jeunes filles : — choisis !
Penses-tu donc que cette Athènes que tu braves
Soit peuplée, ô vieillard, de lâches ou d'esclaves ?
Ou ne suis-je plus rien dans mon pays natal?
Ta ville cependant n'instruit personne au mal :
Thèbes de la justice est comme nous l'amie;
Et si les tiens, Créon, savaient ton infamie,
S'ils apprenaient comment tu dépouilles les dieux,
Nous-mêmes, et le sol où dorment nos aïeux
En enlevant de force un suppliant, je pense
Que tu recevrais d'eux, chez toi, ta récompense.

Quoiqu'il en soit, je te l'ai dit, — je le redis :
O roi, que tes soldats, ou mieux, que tes bandits
Ramènent promptement ces vierges à l·ur père,
Sinon tu resteras mon prisonnier... J'espère
Que tu m'auras compris... Et je t'ai dit ceci,
Vieillard, avec la langue... avec le cœur aussi.

PREMIER CHOREUTE, à Créon.

Quel opprobre, ô Créon, pour quelqu'un de ta race !

CRÉON.

Je ne suis point tombé dans cet excès d'audace
D'accuser, ô grand roi, ce pays généreux
D'Athènes d être pauvre en homme valeureux.
Mais je n'augurais point — je le dis sans reproches —
Qu'il pourrait s'enflammer tout d'un coup pour mes proches
A ce point de vouloir les garder, les nourrir
Malgré les Cadméens et contre mon désir.
Je ne prévoyais pas non plus qu'un parricide,
Un inceste — ce sont tes noms, ô Labdacide, —
Qu'un monstre, de sa mère abominable époux,
Qu'un Œdipe, en un mot, fût accueilli chez vous.
Je connaissais de nom l'illustre Aréopage,
En tous ses jugements si prudent et si sage,
Et qui ne permet pas que de tels vagabonds
De l'hospitalité déshonorent les dons.
C'est pour cela qu'au nom de Thèbes qui m'envoie,
Confiant dans mon droit, j'ai saisi cette proie...
Et cependant, par Zeus, je ne l'aurais pas fait
S'il ne nous avait pas insultés à souhait...
J'ai voulu châtier tant de scélératesse ;

Car, Roi, pour la colère il n'est pas de vieillesse.
La haine est toujours jeune, et son rouge flambeau
Ne s'éteint que devant la porte du tombeau,
Dont l'habitant muet, dans son néant paisible,
Sommeille, à toute offense à jamais insensible.
J'ai dit. Je suis vieux, seul. Fais donc comme il te plaît :
On essaiera de se défendre, — tel qu'on est.

THÉSÉE.

C'est bon...

    Au peuple.

    Nous, mes amis, courons venger l'offense !

PREMIER CHOREUTE, à Créon.

Viens, toi !

Il le saisit.

CRÉON.

    Que voulez-vous de moi, débile ?

THÉSÉE.

Avance !

    Montrant le chemin qui contourne le bois.

C'est ce chemin, là-bas, qu'ont pris les scélérats :
Précède-nous... C'est toi, toi qui nous guideras
Vers les enfants, si dans quelque endroit tu les caches.
Mais si les ravisseurs ont fui comme des lâches,
Ils n'en béniront pas les dieux, soyez-en sûrs :
Car déjà, se ruant en armes hors dès murs,
Tout mon peuple au passage est allé les attendre.
Marche donc. La fortune a pris qui voulait prendre.

CRÉON, au peuple,

Vous, soyez-moi témoins que je ne réponds rien...
Mais à Thèbes...

PREMIER CHOREUTE.

Il nous menace!

DEUXIÈME CHOREUTE.

On verra bien !

THÉSÉE.

En route, mes amis !

A Œdipe.

Toi, mon hôte, demeure.
Et prends courage... A moins qu'aujourd'hui je ne meure,
Je te rendrai tes deux enfants.

ŒDIPE, à Thésée et au Chœur.

O généreux,
Et vous tous, puissiez-vous être toujours heureux !
Thésée et sa suite sortent, précédés de Créon entre deux gardiens.

Rideau.

ACTE TROISIÈME

SCÈNE PREMIÈRE

ŒDIPE, LE CHŒUR.

PREMIÈRE ATHÉNIENNE.

Que ne suis-je en ces lieux où le dieu de la lance,
    Arès à la bouche d'airain,
Appelle les héros au combat, et s'élance,
    Et jonche de morts le terrain !

Sans doute, ce sera près des autels pythiques,
    D'où l'on voit la mer de Chalcis;
Peut-être sur la rive où, sous les pins antiques,
    Flamboient les torches d'Eleusis.

DEUXIÈME ATHÉNIENNE.

Là-bas vous dévoilez vos mystères farouches,
    Déesses, à des yeux mortels ;
Mais la clef d'or des Eumolpides clôt les bouches,
    Gardant le secret des autels.

O Thésée, oui, c'est là qu'au loin, dans les montagnes,
    Ton cri de guerre a retenti ;
Qu'on verra, sous tes coups, des deux vierges compagnes
    Le ravisseur anéanti !

PREMIÈRE ATHÉNIENNE.

Peut-être à l'occident de la roche neigeuse,
    Ces Cadméens ont fui déjà,
Moins rapides les flots de la mer orageuse,
    Jusqu'aux pâturages d'Oia...

Coursiers et chars, ô Peur, c'est toi qui les entraînes.
    Le cor Théséide a sonné :
Et voici qu'à leur tour se ruent, lâchant les rênes,
    Les fiers cavaliers d'Athéné.

PREMIER CHOREUTE.

En viennent-ils aux mains ? Restent-ils à s'attendre ?
    Prophète de combats heureux,
Je prédis que ce soir Zeus aura su nous rendre
    Ces malheureuses, toutes deux.

DEUXIÈME ATHÉNIENNE.

Que ne puis-je monter, colombe, d'un coup d'aile,
    Vers la nue errante des cieux ;

Et planant mollement dans l'air, à côté d'elle,
    Voir la bataille de mes yeux !

J'invoquerai du moins l'archer aux yeux limpides,
    Phoibos, et sa sœur Artémis
Qui poursuit dans les bois le daim aux pieds rapides,
    Moins peureux que nos ennemis !

Et toi, Zeus, toi surtout, maître de la victoire,
    Dont l'œil voit fuir les ravisseurs,
Aux chefs de ce pays accorde cette gloire
    D'avoir délivré les deux sœurs !

SCÈNE II

LES MÊMES, THÉSÉE, ANTIGONE, ISMÈNE,
et nombreux cortège guerrier.

PREMIER CHOREUTE, à Œdipe.

Etranger, diras-tu que je suis faux prophète ?
J'aperçois un cortège — et tes filles en tête !

ŒDIPE.

Où ? Que dis-tu ? Mais où ?

ANTIGONE, entrant avec Ismène.

Père !

ISMÈNE.

Père !

ANTIGONE.

> Quels dieux
T'accorderont, rouvrant tes lamentables yeux,
De le voir, le vaillant qui vers toi nous ramène...

ŒDIPE.

Mes enfants! Est-ce vous? Vous? Antigone! Ismène!
Je vous retrouve donc, vous, mon bien le plus cher,
Mes deux enfants, cœur de mon cœur, chair de ma chair!
Et je ne mourrai point tellement misérable
Si je meurs appuyé sur vous, couple adorable,
Et si vous êtes là lorsque je m'en irai,
En haine au genre humain, — par vous du moins pleuré!
Venez... Puisque le sort de nouveau nous rassemble,
C'est encor du bonheur que de souffrir ensemble ;
Et, plaint par vous, je sens tous mes maux consolés.
Tel le feuillage ami des marbres écroulés,
Enlacez, soutenez ma vieillesse chagrine :
Soyez comme le lierre au front de la ruine!...
Et maintenant que Zeus a terminé vos maux,
Racontez-moi bien tout... Mais vite... en peu de mots :
Car en tous leurs discours, une réserve sage
Convient, vous le savez, aux filles de votre âge.

ANTIGONE.

Notre sauveur est là. Tu peux l'interroger.

ŒDIPE.

Toi qui nous secourus, magnanime étranger,
Où donc es-tu?... Tends-moi ta main, que je la serre,
Que je te baise au front, ô Thésée, ô mon frère !...

Qu'ai-je dit? Non, n'approche pas... Si tu souffrais
Que je te touche, hélas! jamais je n'oserais !
Héros très pur, ô Roi, fils d'une race élue,
C'est de loin qu'il convient qu'Œdipe te salue !

THÉSÉE.

Rends grâce aux dieux!... Moi, j'ai puni qui m'a bravé !
— Mais, vieillard, en chemin, un bruit m'est arrivé;
Que vaut-il? Je ne sais... Pourtant, tu dois l'entendre :
Car d'abord, tel qu'il est, il est fait pour surprendre.
Puis, l'homme ne doit rien négliger...

ŒDIPE.

Qu'est-ce donc?
J'écoute.

THÉSÉE.

On dit qu'à cet autel de Poseidon
Où ma main immola des victimes sans nombre,
Un homme s'est assis en suppliant, dans l'ombre.
On ne sait pas son nom, rien n'indique son rang :
Mais il se dit d'Argos, et de plus ton parent.

ŒDIPE.

Que veut-il ?

THÉSÉE.

Te parler... Puis, qu'on lui garantisse
Son retour libre et sauf, ce qui semble justice.

Un temps.

N'as-tu pas dans Argos — cherche en ton souvenir —
Quelque parent qui peut vouloir t'entretenir?

ŒDIPE.

Argos ! Les gens d'Argos, puisse Zeus les confondre !
Ne dis plus rien...

THÉSÉE.

Qu'as-tu?

ŒDIPE.

Ne me fais pas répondre...

THÉSÉE.

Mais encor?

ŒDIPE.

Plus un mot... Je sais de ce moment
Quel est ce suppliant, je le sais sûrement.

THÉSÉE.

Quel est-il ? Quel dessein blâmable ici l'amène ?

ŒDIPE.

C'est mon fils! — l'un des deux! — Oui, mon fils... et ma haine!
Leur voix seule m'est odieuse, — à tous les deux.

THÉSÉE.

Mais entends-le toujours : puis, fais ce que tu veux.

ŒDIPE.

L'entendre ? Epargne-moi ce malheur, cette honte...

THÉSÉE.

Il faut que ta colère avec Neptune compte :
Ce fils t'a supplié !...

ŒDIPE.

Non !

ANTIGONE.

Père, apaise-toi.
Si jeune que je sois encore, obéis-moi,
Exauce ton enfant, — et Thésée — et Neptune :
Tu m'es très cher, et c'est pourquoi je t'importune.
Laisse venir mon frère... Oui.... tu l'écouteras ;
Et puis, tu ne feras que ce que tu voudras.
Les dieux, s'il est pervers, prendront soin qu'il expie.
Mais le mal qui lui vint jadis d'un fils impie,
Le père le rend-il au fils ? — D'autres aussi
Ont de mauvais enfants, comme fut celui-ci.
D'autres les ont maudits ; mais qu'une voix aimée
Les prie, — et leur courroux se dissipe en fumée !
La colère est funeste, ô père ! Qui peut mieux
En témoigner que les trous vides de tes yeux ?...

ŒDIPE.

Jurez-moi bien, jurez encor de me défendre..

THÉSÉE.

Ceci, vieillard, je ne veux pas deux fois l'entendre :
Je te l'ai déjà dit. Retiens-le. Tant qu'un dieu
Me fera sauf, tu resteras sauf en ce lieu.

Thésée sort.

5

SCÈNE III

Les Mêmes, moins THÉSÉE.

ISMÈNE, qui s'est avancée vers la route.

Il vient, le suppliant... Il vient seul et sans armes,
O mon père, et vers nous marche en versant des larmes..

ŒDIPE.

Lequel est-ce des deux ?

ANTIGONE.

       Ton premier né, ton fils
Polynice, l'enfant qui te fut cher jadis !

SCÈNE IV

Les Mêmes, POLYNICE.

ISMÈNE.

O frère !

POLYNICE.

Hélas ! mes sœurs, dites, que dois-je faire
D'abord ? Pleurer sur moi, sur vous, — ou sur mon père ?
Je le trouve avec vous sur ce sol étranger,
A la merci de qui voudrait vous outrager,

Lui, vieillard sans défense, et vous, vierges candides !
Je le vois presque nu sous des habits sordides ;
Ses longs cheveux — (sont-ils d'un mort ou d'un vivant?)
Sur sa tête sans yeux, épars, flottent au vent...
Et le corps de ce roi, riche et puissant naguère,
Est à peine nourri d'aliments de misère ..
Honte, honte sur moi ! Je suis venu trop tard.
J'ai péché, je l'avoue, envers ce cher vieillard !
Je lui devais — ainsi l'ordonnait la nature —
Mes soins et ma tendresse — au moins la nourriture.
Je suis un misérable fils... J'en fais l'aveu.
Mais on dit qu'au sommet du ciel, dans l'éther bleu,
Douce à qui se repent de la faute commise,
Sur le trône de Zeus la Clémence est assise :
O père, qu'elle soit de même à ton côté !
Je le sais, que je t'ai grandement irrité :
Mais il n'est pas non plus de faute irréparable ;
Et le remords est la rançon du misérable...
Réponds-moi...

      Œdipe immobile garde le silence.

        Tu te tais, mon père ? Tu te tais !
Je suis un mauvais fils, oui... du moins, je l'étais...
Pourtant, accorde-moi le pardon que j'implore !
Je me repens, je t'aime... Ah ! tu te tais encore !
Je suis là, moi, ton fils, suppliant devant toi :
Pourquoi te détourner de ton enfant ? — Pourquoi ?
Rien !... J'ai tout mérité, tout — mais pas ce silence !

    Aux deux jeunes filles.

O vous, mes chères sœurs, doux êtres d'innocence,

De vos pleurs, de vos voix, daignez me secourir,
Et forcez cette bouche implacable à s'ouvrir !

ANTIGONE.

Dis-lui pourquoi tu viens. Car la parole offense
Ou bien touche, — mais seule a raison du silence. *

POLYNICE.

Je parlerai ma sœur, car ton conseil est bon.
Mais d'abord je prierai ce même Poseidon,
Près de l'autel de qui j'attendais solitaire
Quand on vint de la part du Roi de cette terre
M'engager à quitter l'asile, et m'avertir
Que je pourrais parler, entendre — et repartir.
Les choses que je crains, celles que je désire,
Pourquoi je viens, je veux, ô père, te le dire.
Ecoute. On m'a chassé de mon pays natal !
Quand j'ai voulu m'asseoir sur ton trône royal,
— Etant l'aîné des deux, c'était mon droit, je pense —
Etéocle, au mépris de l'ordre de naissance,
Ameutant contre moi tous mes concitoyens,
M'a chassé de ma ville et m'a ravi mes biens...
De cette atroce, injuste, abominable chose,

---

* Coupure possible :

    ..... a raison du silence.

POLYNICE, à son père.

Ecoute. On m'a chassé de mon pays natal.

       Etc...

Ta malédiction, mon père, est seule cause...
Tous les devins l'ont dit... Moi, j'ai fui dans Argos
La Dorienne, où vit un peuple de héros ;
Adraste, roi puissant, fit plus que de m'entendre :
Il m'ouvrit sa maison et me nomma son gendre.
Et nous allons marcher contre les Cadméens,
Non pas seuls, mais avec tous les fiers Achéens
Qui sur le sol d'Argos fleurissent par la lance.
Mon armée a sept corps, tous égaux en vaillance.
Je la commande avec six chefs, mes compagnons.
Car ils sont six. Non des moindres. Voici leurs noms :
Le premier, père, un roi, sage entre les plus sages,
C'est Amphiaraos, qui sait l'art des présages ;
Tydée est le second, le chef Etolien ;
Puis c'est Etéoklos, mais l'autre, l'Argien !
Après, Hippomédon, que Talaos, son père,
Lance sur nos vieux murs, qu'il appelle un repaire.
Ensuite, Capanée... Il se dit fils d'un dieu,
Et veut anéantir la ville par le feu.
Et le sixième, enfin, fier de sa grande épée,
C'est le fils d'Atalante, un roi, Parthénopée.
Pour moi, tu me connais... Tu m'engendras jadis :
Que tu veuilles ou non, je me nomme ton fils ;
Et sur Thèbes, semant sous mes pas l'épouvante,
Je guide, moi Thébain, ceux d'Argos, et m'en vante!...
Mais je ne suis qu'un suppliant pour le moment.
Je te prie... oui, nous te prions très humblement,
— Celles-ci n'ont rien fait qui puisse te déplaire ! —
O père, d'abjurer ta fatale colère ;
Et d'admettre à merci, sur ce sol étranger,

Ton fils, — ton fils qui va tenter de se venger!
Car Phoibos Delphien — tu sais s'il faut l'en croire —
A ceux que tu soutiens a promis la victoire...
Par nos sources, nos dieux thébains, exauce-moi :
Il me faut ton pardon, père, pour être roi !
Juge comme à ton sort mon propre sort ressemble,
Car on nous voit errants tous deux, — sinon ensemble,
Pareillement du moins — aux chemins de l'exil;
Et nous mangeons le pain étranger, toujours vil !
Et lui, pendant ce temps, l'usurpateur. le traître,
A ma place, dans ta maison, commande en maître;
Et bravant du Destin les retours hasardeux,
Se rit également, ô père, de nous deux!
Car cet homme te hait autant qu'il me déteste.
Suis-moi donc, ô vieillard, et je réponds du reste;
Et le chassant de vive force, à peine entré
Dans ta ville, avec moi je t'y rétablirai...

    ŒEdipe gardant toujours le silence, il recule comme épouvanté.

Rien... toujours rien !

DEUXIÈME CHOREUTE, à ŒEdipe.

Veux-tu toujours te taire ?

ŒDIPE, au Chœur.

Ah! certes, si le noble Roi de cette terre
Ne m'avait envoyé cet homme que tu vois,
Jamais le scélérat n'eût entendu ma voix !
Eh ! bien, je parlerai, puisque l'on m'y convie :
Mais ce ne sera pas pour réjouir sa vie !

    A Polynice.

Ce sceptre, ô très méchant, — qu'on te vole, dis-tu, —

Mon sceptre, dans ta main jadis tu l'as tenu :
Il t· servit, au jour du courroux populaire,
A montrer le chemin de l'exil à ton père !
Tu m'as fait sans patrie et partout repoussé;
Et maintenant tu viens pleurer sur ce passé,
Ta pitié naît soudain de tes propres alarmes...
Epargne à mes haillons l'insulte de tes larmes !
Admire-les plutôt, puisque je te les dois :
Je mendie... et je suis le père de deux rois :
Oui... ma honte est ta honte ; et c'est pourquoi je l'aime.
Ta pitié, tendre fils, garde-la pour toi-même,
— Et pour ton frère aussi : car le jour n'est pas loin
Où, plus que moi, tous deux vous en aurez besoin !
Mon fils? tu ne l'es pas. Non, tu ne dois pas l'être...
Et ce n'est pas de moi que ce chien a pu naître.
Ne dis pas que je t'engendrai... Je te défends
De le dire... Je n'eus jamais que deux enfants !

   A Antigone et à Ismène.

Etes-vous là?... mes yeux, mes flambeaux, mes lumières
O mes filles, mes chers soutiens, mes nourricières...
Je voudrais, je devrais embrasser vos genoux:
Les hommes de ma race, ô mes filles, c'est vous !

      Se tournant vers Polynice.

Mais quant à celui-ci, vieillards, quant à son frère,
Sachez qu'ils mentiront, s'ils me disent leur pèr·.
Donc ton crime envers moi n'était rien. Tu fais mieux:
Tu guides l'étranger au pays des aïeux !...
Va... du haut de ce ciel un dieu vengeur te guette
Et tient ton châtiment suspendu sur ta tête!
Non, tu n'entreras pas dans Thèbes, — car d'abord

Tu tomberas sanglant, mort, sur ton frère mort !
Je l'ai déjà lancé, le terrible anathème,
Et je le lance encore à cette heure suprême,
Afin, immondes chiens, que vous sachiez tous deux
Qu'un fils doit honorer son père malheureux...
Va-t'en donc, car pour toi les choses sont finies.
Il appartient déjà, ton sceptre, aux Erynnies ;
Et demain, Polynice, elles s'en saisiront,
Si Diké, la Justice, à l'impassible front,
Déesse plus auguste encor que la Clémence,
Trône aussi près de Zeus, au fond du ciel immense !

POLYNICE.

Père ! Père !

ŒDIPE.

Va-t'en ! que le soir de demain
T'ait vu tuer ton frère, et périr de sa main !
Voilà mon vœu. J'appelle au secours de ma haine
Les ténèbres d'Hades, l'ombre tartaréenne,
Et toi que je frappai, Laïus, ton spectre aussi,
Pour que vous arrachiez cet infâme d'ici !
J'invoque l'Erynnis de ce bois redoutable,
Arès, surtout, Arès qui, pour moi pitoyable,
M'eût donné — si j'avais mes yeux pour en jouir —
De voir ceux que je hais eux-mêmes se haïr !
J'ai parlé. Maintenant, disparais, je te chasse !
Ne souille plus ces lieux, opprobre de ma race ;
Et cours dire aux Thébains comme à tes compagnons
Les paroles d'Œdipe à ses fils, — et ses dons !

POLYNICE, au chœur.

Vous l'entendez? Que faire?

PREMIER CHOREUTE, à Polynice.

Argos te donne asile :
Retourne dans Argos et pardonne à ta ville,
— Ou les choses qu'il dit, toutes, s'accompliront.

POLYNICE.

La malédiction d'un père est sur mon front ;
Et, comme la tunique ardente du Centaure,
Je la sens qui me colle aux flancs et me dévore :
Déjà brûle sur moi la robe de Nessus !

A ses sœurs.

Adieu, mes chères sœurs, nous ne nous verrons plus.
Pleurez-moi, si les Dieux consentent qu'on me pleure ;
Et si vous retournez un jour dans la demeure
Où vous et moi, jadis, nous fûmes élevés,
Par nos aïeux, par vos pénates retrouvés,
Et par ce même Zeus qui veut que je succombe,
Songez comme il est triste aux morts d'être sans tombe ;
Et sous les murs thébains cherchant mon corps de roi,
Pieuses, répandez de la terre sur moi.

ANTIGONE.

L'affreuse chose n'est pas encor consommée :
En hâte dans Argos ramène ton armée !

POLYNICE.

Fuir ? — Oserais-je encor parler à des soldats
Si l'on m'avait vu fuir ?... Ceci ne se peut pas.

ANTIGONE.

Quels soldats te suivront au dénouement funeste ?

POLYNICE.

Un chef dit ce qu'il faut, et sait cacher le reste.

ISMÈNE.

Ecoute nos conseils...

POLYNICE.

Conseillez-moi donc mieux.

ANTIGONE.

Ma sœur, nous le perdons !

POLYNICE.

Je m'en remets aux Dieux :
Les Dieux décideront du sort de Polynice.
En vous quittant, je vous confie à leur justice :
Puissent nos maux sur vous passer sans vous meurtrir,
Car vous, vous n'avez pas mérité de souffrir !

Il sort.

Rideau.

ACTE QUATRIÈME

Même décor.

SCÈNE PREMIÈRE

ŒDIPE, ANTIGONE, ISMÈNE, LE CHŒUR.

PREMIER CHOREUTE.

Oui, celui qui désire une trop longue vie
Nous paraît, à nous, atteint de folie :
Car beaucoup de maux sont toujours
Contenus dans beaucoup de jours.
Et l'avide désir qui cherche au loin sa proie
Souvent près de lui ne voit pas la joie :
Cependant qu'à pas sourds, voici, voici venir
Sans noces, sans lyre et sans danse,
La Parque qui guérit de vivre, et sait d'avance
Le dernier mot de l'avenir !

DEUXIÈME CHOREUTE.

Le bonheur, vois-tu, pour chaque être,
Ce serait de ne jamais naître...
Ou du moins de pouvoir, sans souffrance, sans bruit,
Sitôt né, rentrer dans la nuit.

Car le mal apparaît dès l'aurore des choses ;
Et la jeunesse au front charmant,
La jeunesse qui passe en effeuillant des roses,
Elle-même n'est rien, qu'un sourire qui ment...

PREMIER CHOREUTE.

Plus tard... ah! ce plus tard, comme il arrive vite !...
Ce sont les noirs soucis poison de l'âge mûr,
Et la haine, et le meurtre, et la guerre maudite,
Et l'envie au regard obscur !

Puis, du doigt déjà nous montrant la tombe,
La vieillesse paraît au détour du chemin,
Odieuse, apportant tous les maux dans sa main...
Et ce qui fut nous décline, puis tombe :
Et l'homme a passé comme un songe vain !...

DEUXIÈME CHOREUTE, à Œdipe.

Tu touches comme nous aux limites fatales ;
Mais ta vie est pareille aux plages boréales
Que battent nuit et jour les flots et les rafales ;
Et des bords où le dieu des torrides chaleurs,
Phoibos, brûle à midi les plaines taciturnes,
Jusqu'au Septentrion plein de souffles nocturnes,

— De partout, charriant de nouvelles douleurs,
Montent, montent vers toi des vagues de malheurs !

Roulement de tonnerre dans le lointain.

PREMIER CHOREUTE.

Ecoutez, c'est la voix de Zeus, maitre du monde...

ŒDIPE, à lui-même.

Cette fois, est-ce pour Œdipe qu'elle gronde ?
L'heure est-elle venue ? Est-ce l'appel du dieu ?

DEUXIÈME CHOREUTE.

L'orage se déchaîne au fond du ciel en feu...

PREMIER CHOREUTE.

Comme un cheval géant galopant dans la nue,
Le tonnerre de Zeus avec fracas se rue...
Et l'horreur sur mon front hérisse mes cheveux !
L'éclair Ouranien flambe encore. Et je tremble :
Car la foudre et les maux tombent toujours ensemble
    Des cimes du ciel orageux !

Coup de tonnerre plus rapproché.

ŒDIPE.

Voici l'heure... Thésée ! Allez chercher Thésée !

DEUXIÈME CHOREUTE.

Hélas ! Hélas ! dans sa colère inapaisée,
Tel Héphaistos frappant sur son enclume d'or,
De son marteau pesant sur la nue embrasée,
    Zeus tonnant frappe et frappe encor :
Et la voûte du ciel en est comme brisée !

ŒDIPE.

Thésée approche-t-il? Qu'on coure à sa maison !
Enfants, aurai-je encor mon souffle et ma raison ?

ANTIGONE.

Pourquoi l'appelles-tu ? Pour quelle confidence?

ŒDIPE.

Je m'en vais lui donner enfin sa récompense
Et payer d'un seul coup tout le bien qu'il m'a fait.

PREMIER CHOREUTE.

Comment ?

ŒDIPE.

Je vous l'ai dit : j'apporte un grand bienfait !
Grande rumeur dans le Chœur.

SCÈNE II

LES MÊMES, THÉSÉE.

THÉSÉE.

Quels cris ont retenti du côté de l'aurore ?
Pourquoi l'aveugle et vous m'appelez-vous encore ?
Sans doute le fracas des nuages semeurs
De grêle et Zeus qui gronde excitent vos clameurs...
On peut s'attendre à tout lorsque sur notre tête
Un dieu tonnant déchaîne une telle tempête !

ŒDIPE.

Que je te désirais, ô Roi ! Tu viens enfin !

THÉSÉE.

Qu'y a-t-il donc encor ?

ŒDIPE.

J'approche de ma fin,
Et ne veux pas mourir, hôte ingrat, inutile,
Avant d'avoir tenu ma promesse à ta ville.

THÉSÉE.

Mourir ? Qui te l'a dit ?

ŒDIPE.

O très cher, un héraut
A la voix formidable et qui parle de haut !
C'est mon heure, Ægéide, et Zeus même l'annonce...

THÉSÉE.

Est-il vrai, Zeus, ô Zeus ?

Coup de tonnerre prolongé.

ŒDIPE.

Fils, entends sa réponse...

THÉSÉE.

Ciel !...

ŒDIPE.

Suis-moi donc !... Sans le secours d'aucune main,
Marchant tout seul et devant toi dans le chemin,

Roi, je te mènerai jusqu'au lieu solitaire
Où je dois pour jamais m'étendre sous la terre...
Mais lorsque je serai descendu chez les morts,
Le lieu de paix et d'ombre où dormira mon corps
Ne le montre jamais, roi Thésée, à personne !
Et ce corps de douleur que, vivant, je vous donne,
Pour vous garder vaudra mieux que les boucliers
Et les lances de vos plus vaillants alliés...

THÉSÉE.

Quel pouvoir surhumain détiendra donc ta cendre ?
Est-ce un pardon des Dieux qui sur toi va descendre ?

ŒDIPE.

Même injustes, les Dieux ne pardonnent jamais.
Pur de cœur et souillé d'innommables forfaits,
Je vous quitte : et ma fin n'est que ma délivrance.
Mais quand il sera mort à l'humaine souffrance,
Œdipe, sous la terre à jamais endormi,
Pour l'implacable sort restera l'ennemi.
Comme un vol de corbeaux à l'heure où le soir tombe,
Tous les malheurs errants s'abattront sur ma tombe ;
Et les maux suspendus sur tes peuples, ô Roi,
Tous, pour l'amour de vous, je les prendrai pour moi !
Mais ce tombeau, gardien de mes cendres mortelles,
Doit rester ignoré de tous...

Il touche ses filles.

Oui, même d'elles !

Je t'en révélerai le secret, mais là-bas,
Au cœur du bois funèbre où tu suivras mes pas !

Sois seul chez les vivants à savoir le mystère !
Et quand toi-même — hélas ! c'est la loi de la terre ! —
Tu seras comme moi près du terme fatal,
Appelle l'héritier de ton trône royal
Et révèle-le lui. Qu'à la fin de sa vie,
A son tour, à son fils celui-ci le confie.
C'est ainsi que mon corps fera vos habitants
Vainqueurs des Cadméens jusqu'à la fin des temps.
*Mais de grandes cités, longtemps bien gouvernées,
Au mal par des pervers peuvent être entraînées :
Sois donc, toi, toujours juste, ô Roi ! Lente parfois,
La colère des Dieux, gardienne de leurs lois,
Vient punir tôt ou tard celui qui les offense...
Mais cela tu le sais, et mieux que moi, je pense...

> Grondement de tonnerre.

Vous entendez ?... Le dieu me presse... Il faut partir...
C'est son suprême appel qui vient de retentir.*

> A ses filles.

Mes filles, suivez-moi... Guide extraordinaire,
Je vous mènerai, vous qui meniez votre père !
Suivez sans me toucher... Laissez-moi trouver seul,
Cadavre encor vivant, mort traînant son linceul,
Le sépulcre sacré, la tombe trois fois sainte,
Où je dormirai seul, sans songes et sans crainte !

> Il entre dans le bois sacré, les mains tendues en avant, suivi d'Anti-
> gone, d'Ismène et de Thésée.

Ici... Là... Par ici... suivez... suivez mes pas !

---

* Coupure possible.

L'aveugle, cette fois, ne s'égarera pas!
C'est Hermès, conducteur des mourants, qui le mène ;
Le grand Hermès, et la Déesse souterraine...

> Au sommet du bois il s'arrête.

Et toi, rouge flambeau de l'astre sans pareil,
Toi qui vis tous mes maux, lumière du soleil.
Toi qui t'es faite nuit pour mes yeux chargés d'ombre,
Tu vas, splendeur du jour, ce corps de l'homme sombre,
L'insulter de tes feux pour la dernière fois !
La tombe est là: j'y marche... et, sans yeux, je la vois !
Et dans l'Hadès ouvert où le Dieu me convie
Je vais ensevelir mon malheur et ma vie !

> Au peuple.

Mais vous, Athéniens, habitants de ce lieu,
Mes hôtes, serviteurs du bon Thésée, adieu !
Soyez heureux toujours ! Vivez en joie, en gloire ;
Et, Thèbes châtiée, après votre victoire,
Aux Dieux, vos bienfaiteurs, rendez grâces d'abord...
Et puis souvenez-vous de moi, qui serai mort...

> Il disparaît dans l'épaisseur du bois, suivi de Thésée et des deux
> vierges.

SCÈNE III

Le Chœur.

PREMIÈRE ATHÉNIENNE.

Ténébreuse Déesse aux lèvres taciturnes,
Perséphone, c'est toi que je veux supplier
Avec le Dieu qu'il n'est pas prudent d'oublier,
Hadès Aidonéus — Hadès, roi des Nocturnes...
Qu'elle ne soit point rude à cet infortuné,
La route qui conduit aux rives Stygiennes;
Sans souffrir, qu'il aborde aux plaines souterraines:
Il a tant souffert depuis qu'il est né!

DEUXIÈME ATHÉNIENNE.

O Déesse d'en bas, toutes je vous implore!
Et toi, terrible Chien qui, toujours aboyant,
Es couché sur le seuil sonore,
Cerbère, ô gardien de l'Enfer béant!
Laisse, ah! laisse passer l'étranger aux yeux sombres
Qui marche en ce moment vers la plaine des ombres
Où la mort guérisseuse, un jour, loin du soleil,
Nous endormira tous d'un éternel sommeil!

Violent coup de tonnerre.

SCÈNE IV

LES MÊMES, UN MESSAGER.

LE MESSAGER.

Œdipe est mort !

PREMIER CHOREUTE.

Mort !

LE MESSAGER.

Oui, l'homme a fini sa vie.

DEUXIÈME CHOREUTE.

Comment ?

PREMIER CHOREUTE.

Parle. Faut-il qu'on le plaigne ou l'envie ?

DEUXIÈME CHOREUTE.

Est-il mort sans souffrance ?

PREMIER CHOREUTE.

Avec l'aide des dieux ?

LE MESSAGER.

Ecoutez-moi... car rien ne fut plus merveilleux !
Comment il est parti, vous l'avez vu. Sans guide,
Montant l'âpre chemin d'un pas presque rapide,

Il allait en silence et nous conduisant tous,
Et c'était comme un mort qui marchait devant nous.
Il nous mena tout droit, par le bois solitaire,
Vers ce gouffre sans fond qui descend sous la terre
Par les degrés luisants d'un escalier d'airain ;
Et là, devant le seuil, il s'arrêta soudain...
En cet endroit, Thésée et son frère en vaillance
Pirithoüs, jadis, ont juré l'alliance...
Entre les trois chemins, sur le marbre brisé
D'une tombe, il s'assit, vénérable, apaisé !...
Et les rameaux noueux d'un vieux poirier sauvage
Sur son front de douleur étendaient leur ombrage.
Puis il se dépouilla de ses pauvres haillons ;
Et soudain le soleil le vêtit de rayons...
Alors, auréolé de jour, ceint de lumière,
L'aveugle, tel un dieu sur un trône de pierre,
Et les yeux comme emplis d'invisibles clartés,
Appela ses enfants pleurant à ses côtés !
Et sa voix nous semblait à tous déjà lointaine...
Il leur dit de puiser l'eau vive à la fontaine
Pour le rite suprême et les libations...
Et nous les vîmes — de la place où nous étions —
S'en aller vers la source, et s'en revenir, lentes,
Portant les vases saints, lourds à leurs mains tremblantes ;
Et leurs yeux de lotus rougis d'avoir pleuré,
Elles lavaient le corps du père et l'ont paré...
Quand furent accomplis tous les rites funèbres,
De nouveau Zeus tonnant gronda dans les ténèbres.
Et, pâles de l'effroi qui nous étreignait tous,
Aux pieds de l'homme elles tombèrent à genoux,

Gémissantes, tantôt meurtrissant leurs poitrines,
Tantôt baignant ses pieds de leurs larmes divines...
L'immobile vieillard les sent et les entend,
Et levant ses bras lourds de maux, il les leur tend :
« ...Mes filles, de ce jour vous n'aurez plus de père,
» Leur dit-il; et je suis au bout de ma misère...
» Tout est fini pour moi, puisque je vais mourir;
» Et vous, vous n'aurez plus le soin de me nourrir !
» Et c'était, je le sais, une bien dure peine !
» Ceci n'est plus... Allez où le Destin vous mène :
» Dites-vous cependant que personne, jamais,
» Ne pourra vous aimer comme je vous aimais !... »
Et s'embrassant tous trois d'une dernière étreinte,
Ils soupiraient aussi tous trois la même plainte.
Quand Œdipe eut fini, tout d'un coup une voix
S'éleva, qui venait des profondeurs du bois :
Et le Dieu dont l'éclair annonçait la présence
L'appela par trois fois dans l'effrayant silence :
« Œdipe ! Œdipe ! Œdipe ! Holà ! Que tardes-tu ?
« Hadès t'appelle ! Il t'a déjà trop attendu !... »
Alors, il demanda qu'on fit venir Thésée,
Et lui prenant la main après l'avoir baisée :
« Touche mes deux enfants, engage-leur ta foi,
« Dit-il, protège-les en mémoire de moi... »
Et le chef invaincu de l'invincible Athènes,
Virilement ému, mais sans paroles vaines,
De sa puissante main de héros, simplement,
Toucha les jeunes fronts et promit par serment.
Et l'aveugle alors dit: « Allez, ô mes chéries ! »
Et les vierges en pleurs, par les sentes fleuries,

Partirent avec nous dans la brume du soir
Pour ne point voir ce qu'aucun œil ne devait voir,
Hormis l'œil de Thésée, illustre par la lance...
Nous sortîmes du bois... Puis, à quelque distance,
Nous étant retournés, nous n'avons plus rien vu
Derrière nous... plus rien : l'homme avait disparu !
Thésée était debout, seul, à la même place,
Et, tout pâle, il tenait sa main devant sa face,
Comme si quelque chose avait brûlé ses yeux...
Puis il se prosterna, pour vénérer les Dieux !
Comment l'aveugle a-t-il péri ? Jamais personne
Ne le saura... que le héros porte-couronne !
Car la foudre de Zeus ne l'a point achevé,
Ni l'ouragan gonflant l'océan soulevé...
Au pays dont jamais nul n'a refait la route,
Quelque blême envoyé des Dieux — Hermès, sans doute, —
Sur ses ailes de feu l'emporta dans les airs ;
Ou des gouffres amis pour lui se sont ouverts :
Ceux où les morts, dormant de leur sommeil austère,
Sont couchés dans le sein maternel de la terre...
C'est ainsi qu'il mourut, sans gémir ni souffrir,
Comme, le temps venu, chacun voudrait mourir.

PREMIER CHOREUTE.

Mais où sont maintenant les deux infortunées,
Ses filles ?

LE MESSAGER.

Les amis qui les ont emmenées
Les ramènent... Ecoute, ami, sous le ciel noir,
Comme un oiseau de nuit pleurer leur désespoir.

SCÈNE V

LES MÊMES, ANTIGONE, ISMÈNE, puis THÉSÉE.

ANTIGONE.

Le père est mort. Pleurons le malheur d'être nées !

ISMÈNE.

Sans lui le vaste monde et mon cœur sont déserts...
        Que nous gardent les destinées ?
Et vers quels maux nouveaux courons-nous entraînées,
        Après les maux déjà soufferts ?

ANTIGONE.

Les Dieux l'ont fait mourir de la mort la plus douce !
Car il n'est pas tombé, sombre Arès, sous tes coups,
        Ni dans le linceul des flots en courroux
        Qu'Éole au rivage repousse !

ISMÈNE.

        Par un calme et pur soir d'été
        Il est parti dans le mystère ..
        Et d'une expirante clarté
        Le soleil fêta son heure dernière,
        Avant la grande obscurité !
Avais-tu des remords, ô barbare lumière ?

ANTIGONE.

Hélas ! Hélas ! les pleurs obscurcissent mes yeux !
La nuit funeste m'environne :
Mon père n'est plus ! Sous quels cieux,
Sur quels flots agités ira vivre Antigone?

ISMÈNE.

Que t'importe? O cruel Hadès, maître des morts,
Avec mon père enlève-nous aux sombres bords ;
Dans l'Erèbe noir laisse-nous le suivre :
Vivre sans lui, ce n'est plus vivre !
Elle se prosterne et baise la terre.
O terre, heureuse terre où dormiront ses os !

ANTIGONE.

Père, il arrive donc qu'on regrette ses maux?
Hélas ! quand loin des doux chemins de la patrie,
Nous errions tous les deux, mendiant notre pain,
Qui donc eût dit, chère ombre à mon amour ravie,
Que je vivais le temps le meilleur de ma vie?
Nous marchions tout le jour dans la plaine sans fin,
Et je couchais sous les étoiles, ayant faim !
Et vous que j'implorais sur la route poudreuse,
Conduisant ce vieillard aveugle par la main,
Vous plaigniez, ô passants, la vierge douloureuse :
Hélas ! c'est alors que j'étais heureuse !

Jours de misère, ô mes beaux jours !
Depuis que dans la nuit avare de la terre
Mon père bien-aimé repose pour toujours,

Quel vide vous laissez dans mon cœur solitaire,
        O jours de misère, heureux jours !

ISMÈNE.

Pourquoi nous as-tu fait cette peine, ô mon père,
Ayant voulu mourir sur la terre étrangère,
D'être mort loin de nous, solitaire, et non pas
Comme l'auraient voulu tes filles, — dans nos bras !

ANTIGONE.

Hélas! Hélas! Hélas ! La voix chère s'est tue !
Qu'on me conduise sur son corps, et qu'on me tue...

PREMIER CHOREUTE.

Ne le plaignez pas trop... Heureux qui peut mourir
Comme lui, sans souffrance, — au jour de son désir !
    Entre Thésée.

Voici le roi Thésée : il revient encor pâle
Du blanc soleil d'en bas et de l'aube infernale...

ANTIGONE.

O Roi! Puisque c'est toi le dernier qui l'as vu,
Mène-nous vers son corps !

THÉSÉE.

                Vierge, il l'a défendu.
Personne, ni ceux-ci, ni toi-même, Antigone,
N'invoquera les Dieux sur sa tombe, personne !
Nul n'en saura la place... Au sein du bois épais
Il veut, l'aveugle errant, dormir seul, à jamais !
Et la paix dont son ombre est enfin consolée
Par le bruit des vivants ne sera pas troublée.

ISMÈNE.

Mon père !

ANTIGONE, à Thésée.

Accorde-moi du moins cette faveur :
Jusqu'à Thèbes fais-moi conduire avec ma sœur,
Pour que nous empêchions le meurtre de nos frères
S'il se peut, si les Dieux ne nous sont pas contraires.

THÉSÉE.

Je le ferai... Qu'on mène à Thèbes ces enfants...

Il se tourne vers le bois sacré.

Et toi, dors sous ma garde, ô mort qui nous défends !

ANTIGONE.

Mon père !

PREMIER CHOREUTE, aux jeunes filles,

Apaisez-vous, vierges infortunées,
Venez... Les Dieux ont accompli les destinées !...

FIN

Imprimerie Générale de Châtillon-sur-Seine. — EUVRARD-PICHAT.

www.ingramcontent.com/pod-product-compliance
Ingram Content Group UK Ltd.
Pitfield, Milton Keynes, MK11 3LW, UK
UKHW020019100726
13658UKWH00002B/978